3 TALLER DE COMPRENSIÓN ORAL

ESO • LENGUA Y LITERATURA

ANAYA

TALLER 1

UNA NARRACIÓN

Escucha el texto «El cartero siempre llama mil veces», de J. Ribera y A. Martín.

COMPRENDE LO QUE HAS ESCUCHADO

MUCHO OJO

Organiza mentalmente la locución para darle un orden que te permita comprenderla y contarla.

1 Elabora en tu cuaderno una «línea del tiempo» como esta que te ayude a organizar lo que has escuchado:

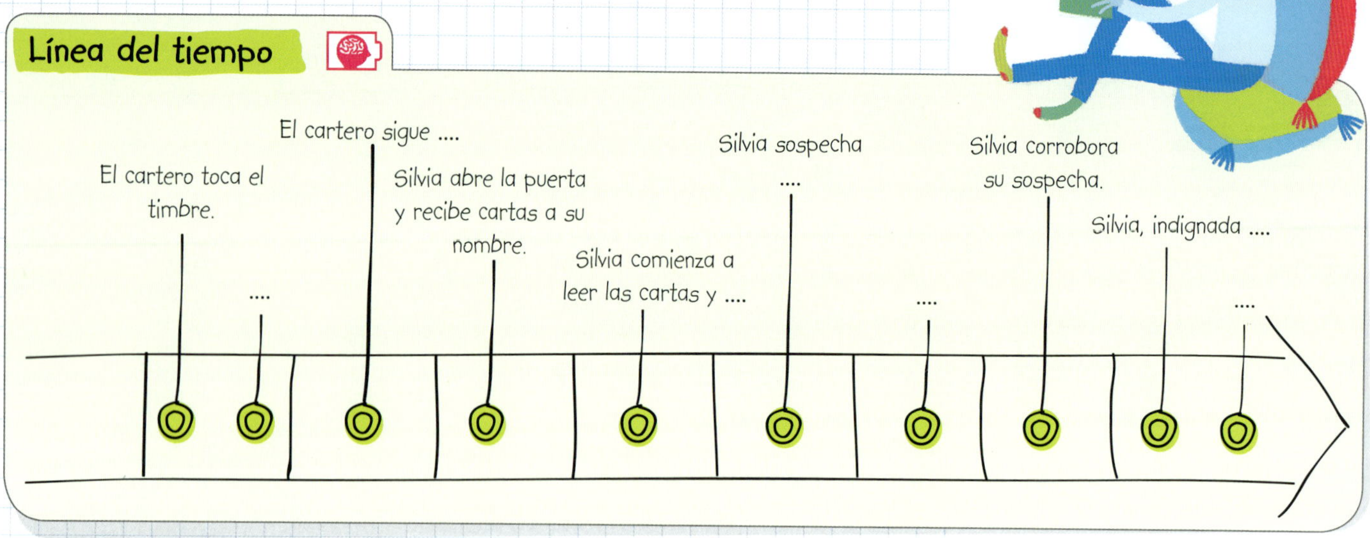

2 Responde en tu cuaderno a estas preguntas:

a) ¿Cuántos personajes aparecen en la historia y cuál es el principal?

b) ¿Cuál de los siguientes comportamientos define mejor al cartero? Escribe en tu cuaderno las opciones correctas.

- Impaciente
- Comprensivo
- Amigable
- Irresponsable
- Malhumorado
- Paciente

c) ¿Cuáles de los siguientes sentimientos manifiesta el personaje principal tras lo ocurrido? Escribe en tu cuaderno las opciones correctas.

- Alegría
- Tristeza
- Pánico
- Enfado
- Indignación
- Vergüenza

3 Completa en tu cuaderno la información que falta en este «diagrama de flujo» y responde a las preguntas que hay a continuación:

Diagrama de flujo

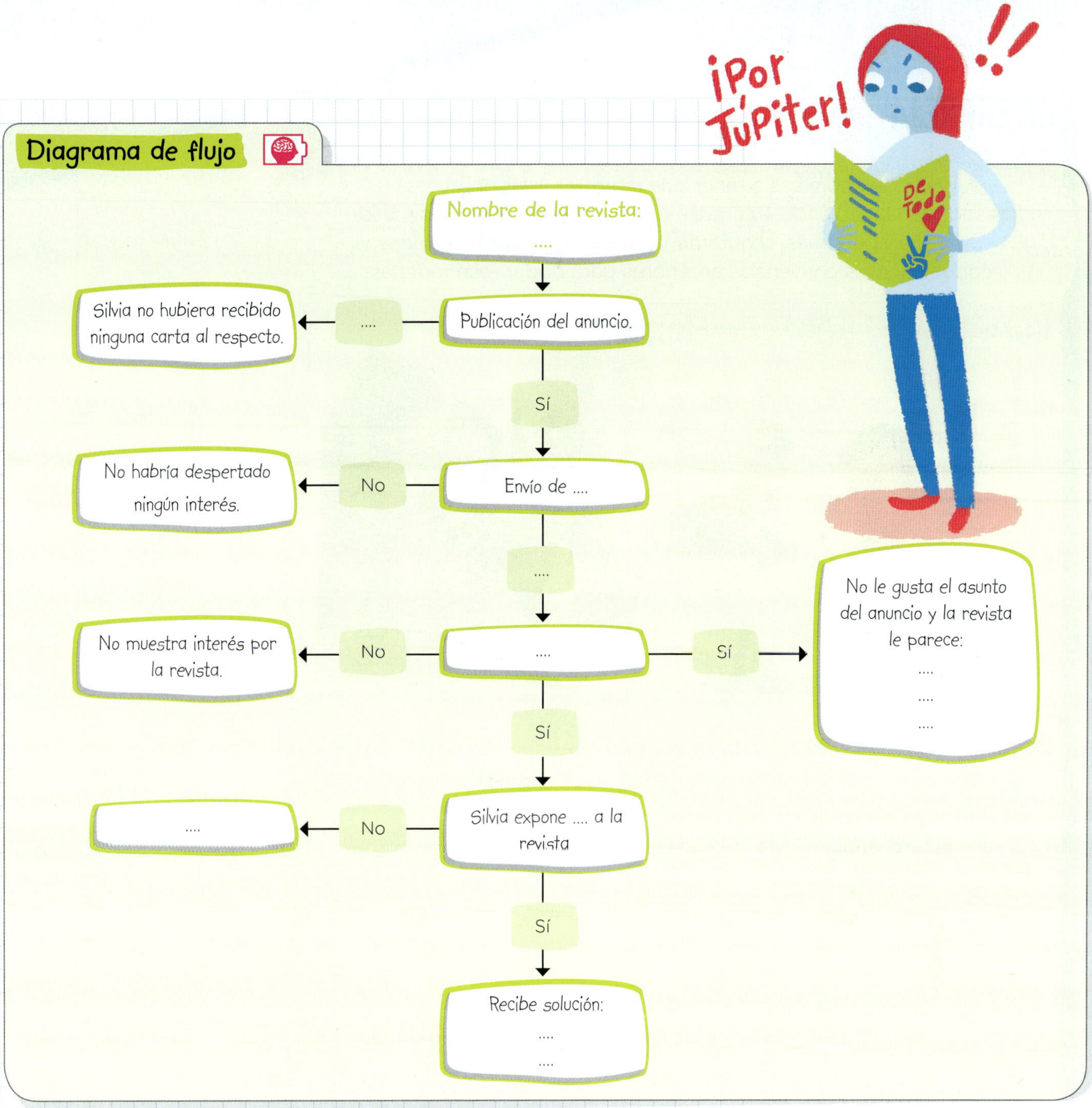

a) ¿Cuál es el nombre de la revista que origina el envío de las cartas?

b) ¿Cómo la describe Silvia mientras corría hasta el quiosco?

c) Explica con tus propias palabras qué le ha ocurrido a Silvia.

d) ¿Qué solución le da la persona con la que consigue hablar al exponer su queja?

e) Estos enunciados, ¿son verdaderos o falsos? Copia en tu cuaderno los falsos y corrígelos:

- Riqui abrió la puerta al cartero.
- El cartero estaba molesto porque tenía frío y nadie abría la puerta.
- Silvia se quedó impasible al ver el grueso fajo de cartas.
- Cuando Silvia leyó «He leído tu anuncio publicado en *De Todo Corazón*», se desmayó.
- Para salir a la calle, Silvia se puso un impermeable.
- A Silvia le daba igual que la vieran comprando la revista *De Todo Corazón.*
- El anuncio solicitaba un novio que, de preferencia, fuera guapito de cara.
- A Silvia, la broma le pareció una barbaridad.

INTERPRETA

MUCHO OJO

A partir de ahora vas a tener que interpretar las preguntas y responderlas teniendo en cuenta que no hay una única respuesta verdadera. Además, seguramente vas a necesitar tener unos conocimientos o vivencias anteriores para poder responderlas.

4 Contesta a estas preguntas:

a) ¿Qué pasajes de la historia demuestran que Silvia estaba avergonzada?

b) Pon otros ejemplos actuales en los que podría ocurrir algo parecido a lo que le ha pasado a Silvia. ¿Cómo se podrían evitar?

Para estar más seguros de vuestras respuestas, podéis trabajar en equipo. Para ello, en grupos de cuatro, haréis la técnica cooperativa «1-2-4».

1-2-4

Contesta de manera individual

a) Continúa estos textos en tu cuaderno:

- «Los pasajes de la historia que demuestran que Silvia estaba avergonzada son ....».
- «Otros ejemplos actuales en los que podría ocurrir algo parecido a lo sucedido a Silvia son .... y se podrían evitar ....».

2 En parejas

b) Comparad vuestras respuestas y dad, entre ambos, una única solución:

- Opinamos que «los pasajes de la historia que demuestran que Silvia estaba avergonzada son ....».
- Opinamos que «otros ejemplos actuales en los que podría ocurrir algo parecido a lo sucedido a Silvia son .... y se podrían evitar ....».

4 En grupos de cuatro

c) Comparad vuestras respuestas y dad una única solución:

- Nuestro grupo opina que «los pasajes de la historia que demuestran que Silvia estaba avergonzada son ....».
- Nuestro grupo opina que «otros ejemplos actuales en los que podría ocurrir algo parecido a lo sucedido a Silvia son .... y se podrían evitar ....».

d) Cada grupo deberá consensuar una respuesta que expondrá al resto de la clase mediante su portavoz.

5 Responde:

En la locución has escuchado «llevaba tiempo bregando por descifrarla». Busca la palabra *bregar* en el diccionario de la Real Academia y señala cuál de las acepciones corresponde con el significado de esta palabra en el texto.

Para responder a esta actividad, ayudaos de la técnica «folio giratorio».

Folio giratorio

En grupos de cuatro

a) En primer lugar, cada integrante del grupo elige un bolígrafo o rotulador de color diferente y escribe en un folio su respuesta a la pregunta.

b) A continuación, en el sentido de las agujas del reloj, pasad vuestro folio al compañero o compañera de al lado. Cuando recibáis el folio, escribid vuestra aportación, corroborando lo que ya hay escrito o escribiendo nuevas ideas.

Así sucesivamente hasta que los folios giratorios hayan pasado por todos los miembros del grupo.

c) Leed las aportaciones recibidas del resto de los compañeros o compañeras del grupo y dad una respuesta final consensuada: «Tras haber leído las aportaciones de los demás, nuestro grupo considera que la respuesta a la pregunta formulada es ....».

Dicha respuesta se expondrá al resto de la clase a través de su portavoz.

6 Explica por qué Silvia llamó desesperadamente a la revista y cuál es el mensaje principal de esta historia. Para ello, completa en tu cuaderno el siguiente diagrama para aclarar tus ideas:

Diagrama de pensamiento unidireccional

DE MANERA DEDUCTIVA

1.º Empieza con una **reflexión** sobre por qué Silvia llamó desesperadamente a la revista.

2.º Continúa con una frase que **responda** al hilo de la **reflexión** que has hecho.

3.º Termina con una **palabra** que represente la idea de la frase que has construido.

DE MANERA INDUCTIVA

4.º Plantea una **palabra** que **represente** el mensaje principal de la historia.

5.º Continúa con una **frase** que responda a la idea de la palabra planteada.

6.º Termina con una **reflexión** al hilo de la frase que has construido.

REFLEXIONA

MUCHO OJO

Trata siempre de argumentar tu respuesta y explica los motivos que la justifican. Piensa que tras tu respuesta has de escribir «porque...».

7 Responde en tu cuaderno a estas preguntas:

a) ¿Crees que Silvia hizo bien actuando así? Extrae de la historia dos razones que te hagan pensar de esta manera.

b) ¿Estás de acuerdo con la solución aportada por el señor que le atendió telefónicamente? Justifica tu respuesta.

c) ¿Qué podría hacer la revista para evitar que ocurran estos casos?

Para ayudarte a responder a estas preguntas, completa en tu cuaderno el siguiente diagrama:

Organizo y defiendo mi postura

Afirmaciones
- Silvia hizo .... en actuar así.
- La solución aportada por la revista fue ....

→

Argumentaciones
- Razones por las que creo que Silvia hizo .... en actuar así.
- Razones por las que creo que la solución aportada por la revista fue ....

→

Evidencias
- Que demuestren que Silvia actuó de esa manera.
- Que demuestren que la revista solucionó lo ocurrido.

→

Valoración personal
- ¿Hizo bien Silvia actuando así? ¿Por qué?
- ¿Estoy de acuerdo con la solución aportada por la revista? ¿Por qué?
- ¿Qué podría hacer la revista para evitar que ocurrieran casos así?

d) La historia no ha terminado: ¿Qué hará Silvia? ¿Qué harías si estuvieras en su lugar? Para ayudarte a responder a estas preguntas, utiliza como apoyo el siguiente diagrama:

Intuyo y deduzco

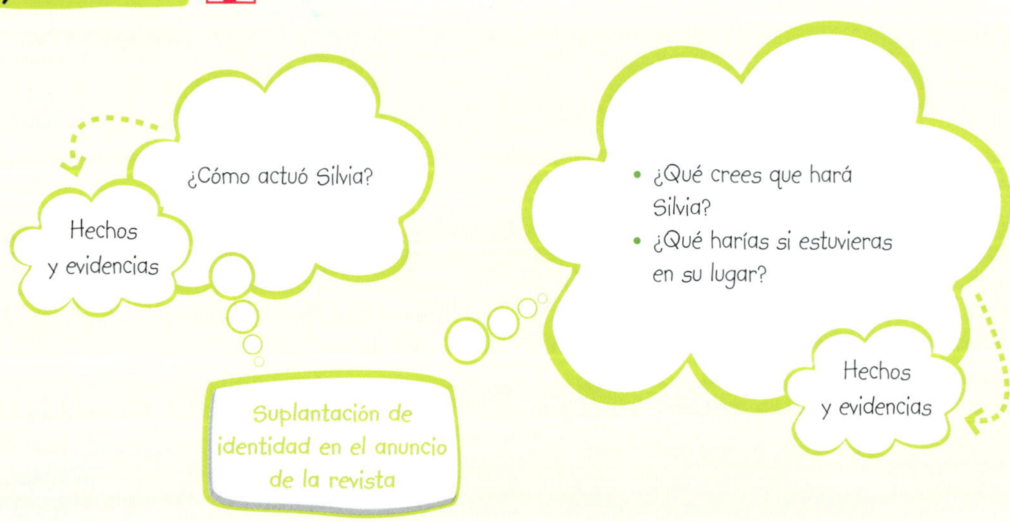

REFLEXIONA SOBRE LO APRENDIDO

MUCHO OJO

Después de haber escuchado esta locución y haber respondido a las preguntas, llega el momento de hacer una revisión del proceso que nos ha guiado hacia un adecuado aprendizaje.

8 Completa esta tabla en tu cuaderno para explicar en qué consiste cada estrategia de aprendizaje que has trabajado y en qué te ha ayudado:

Estrategia de aprendizaje	Me ha ayudado a...
Línea del tiempo	....
Diagrama de flujo	....
Diagrama de pensamiento unidireccional	....
Organizo y defiendo mi postura	....
Intuyo y deduzco	....

9 Completa esta tabla en tu cuaderno para explicar en qué consiste cada actividad en grupo que has realizado y en qué te ha ayudado:

Técnica cooperativa	Consiste en...	Me ha ayudado a...
1-2-4	....	....
Folio giratorio	....	....

APLICA LO APRENDIDO

10 Redacta una reclamación o queja a partir de lo que le ha ocurrido a Silvia.

Pasos que debes seguir:

1. Buscad información sobre cómo se redacta una reclamación.
2. Una vez tengáis claro cómo se escribe, organizaos en pequeños grupos para redactarla.
3. Leedlas en clase y comparad unas reclamaciones con otras. Podréis elegir una o bien realizar una nueva reclamación en la que se recojan los puntos fuertes redactados por cada grupo.

UN ACTA DE RECLAMACIÓN

Escucha el texto «Las necesidades del barrio».

COMPRENDE LO QUE HAS ESCUCHADO

MUCHO OJO

Organiza mentalmente la locución para darle un orden que te permita comprenderla y contarla.

1 Elabora en tu cuaderno una «línea del tiempo» como esta que te ayude a organizar de manera ordenada lo que has escuchado:

Línea del tiempo

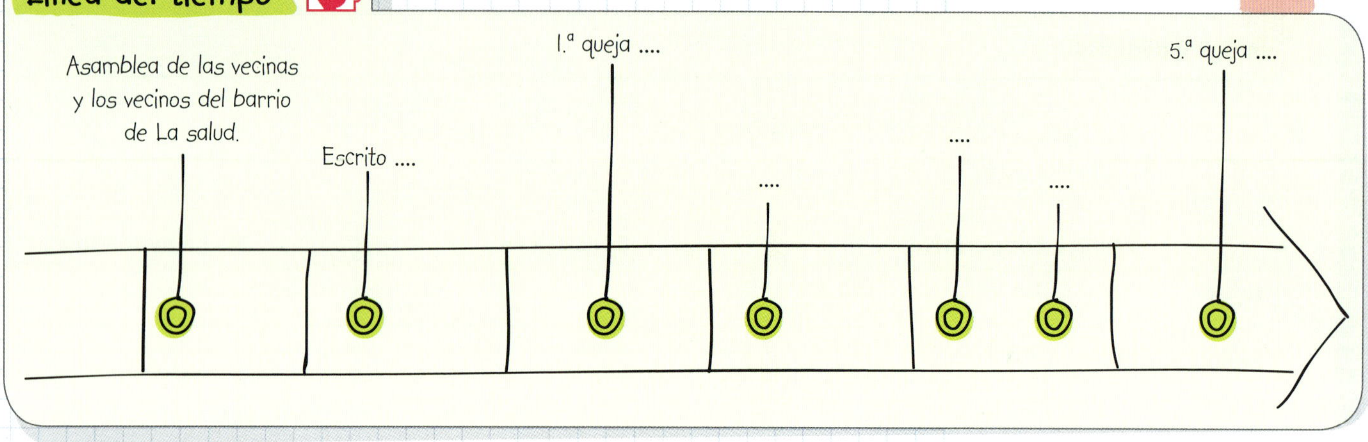

2 Completa en tu cuaderno este «mapa de conceptos» y con su ayuda resume la noticia que has escuchado:

Mapa de conceptos

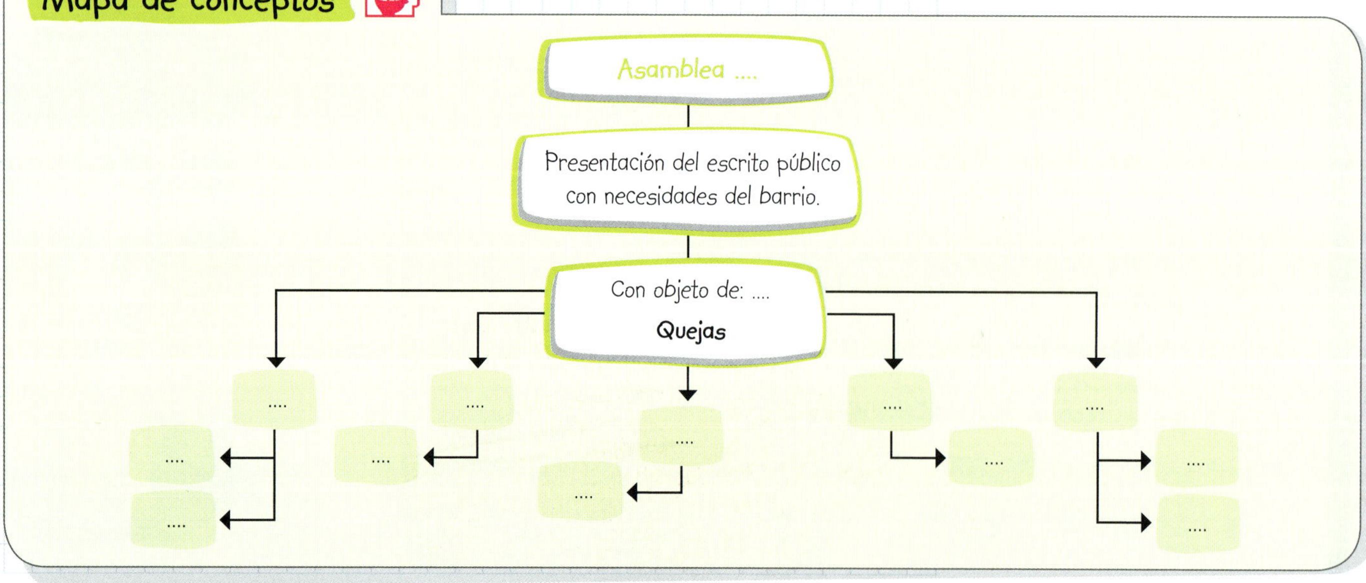

3 Responde:

a) ¿Cuántas quejas recoge el acta elaborada por las personas que representan al barrio de La salud?

b) ¿Qué denuncian en relación con el escaso alumbrado público?

- Las calles están demasiado sucias.
- Se hace difícil caminar por la noche.
- Aumenta la velocidad de los vehículos.
- Falta de seguridad provocada por una pandilla.

c) ¿Y en relación con la dificultad de acceso para las personas con escasa movilidad?

d) ¿Por qué hacen públicas estas quejas?

INTERPRETA

MUCHO OJO

A partir de ahora vas a tener que interpretar las preguntas y responderlas teniendo en cuenta que no hay una única respuesta verdadera. Además, seguramente vas a necesitar tener unos conocimientos o vivencias anteriores para poder responderlas.

4 Contesta:

a) ¿Existe alguna relación entre el nombre del barrio y las quejas que tienen? Esta pregunta tiene tres partes:

1. Formular una hipótesis que justifique el nombre del barrio.
2. Describir de manera general la temática coincidente en las quejas.
3. Justificar tu hipótesis con las quejas expuestas en el acta.

b) Si el Ayuntamiento les pidiera a las personas que representan al barrio evidencias para demostrar que las quejas son reales, ¿qué podrían presentar para cada caso?

c) ¿Cómo está relacionada la medida que proponen con el acceso para las personas con escasa movilidad?

Para ayudarte a responder a estas preguntas, completa en tu cuaderno el diagrama «canal de transferencia» que encontrarás en la siguiente página.

Canal de transferencia

Nombre del barrio: La salud

- Argumentaciones sobre el porqué de este nombre para el barrio.
- Efectos-consecuencias del nombre del barrio.
- Evidencias que deberían justificar el nombre del barrio.

Temática de las quejas: la salud

- Argumentaciones sobre el porqué de las quejas.
- Efectos-consecuencias del problema que sustentan las quejas.
- Evidencias de las quejas.

5 Explica otro ejemplo similar al escuchado.

> Para completar vuestras respuestas, utilizad la técnica cooperativa «folio giratorio».

Folio giratorio

4 **En grupos de cuatro**

a) Cada grupo coge un folio en blanco y un bolígrafo o rotulador de color diferente.

b) De manera individual os preguntáis: «¿Qué otro ejemplo similar a lo escuchado conozco?».

c) Comparad cada una de vuestras respuestas con el grupo y consensuad la respuesta.

d) Escribid la respuesta de cada grupo en el folio con el bolígrafo o rotulador del color que os haya correspondido: «Otros ejemplos similares a lo escuchado son...».

e) En el sentido de las agujas del reloj, pasad el folio giratorio a otro grupo. El grupo que recibe el folio comparará sus respuestas con las que vienen escritas en el folio y escribirá, con el rotulador del color que le haya correspondido, sus aportaciones sin que sean reiterativas con las que haya ya escritas.

Así sucesivamente hasta que los folios giratorios hayan pasado por todos los grupos.

f) Finalmente, cada grupo leerá las aportaciones recibidas, y así tendréis una perspectiva más amplia de ejemplos similares a lo escuchado.

6 Elige un ejemplo entre los recopilados en la actividad anterior y compáralo con la situación escuchada.

> Recuerda ordenar las ideas para que el ejemplo elegido sea claro. Ayúdate del diagrama «el espejo» para argumentar tu explicación.

El espejo

Consiste en .... ← Quejas del barrio de La salud. ← **Similitudes / Diferencias** → Ejemplo similar a la situación del barrio de La salud. → Consiste en ....

REFLEXIONA

MUCHO OJO

Trata siempre de argumentar tu respuesta, explica los motivos que la justifican. Piensa que tras tu respuesta has de escribir «porque…».

7 Responde:

a) Ordena las quejas de los vecinos del barrio de La salud según la importancia que tú les des. ¿Qué motivos te han llevado a poner en primer lugar la queja que has puesto? ¿Por qué esa y no otra?

b) ¿Qué orden le darían tus compañeros y compañeras de clase? ¿Cuántas coincidencias crees que habrá entre el orden que tú les has dado y el que resulte del consenso entre los miembros de la clase?

c) ¿Qué motivos crees que han llevado a poner en primer lugar la queja expuesta por la clase? ¿Por qué esa y no otras?

Para dar respuesta a estas preguntas, puedes ayudarte con la técnica cooperativa «grupo nominal».

Grupo nominal

a) Todas las quejas escuchadas deben quedar recogidas en la pizarra siguiendo este orden:

- la primera queja es la A;
- la segunda, la B;
- la tercera, la C;
- la cuarta, la D;
- la quinta, la E.

b) Cada alumno o alumna jerarquizará, en su cuaderno y por el orden de importancia que considere, las quejas expuestas. Para ello, puntuará con un 1 la que considere más importante; con un 2, la segunda en importancia; con un 3, la tercera, y así sucesivamente hasta la última en importancia que tendrá una puntuación de 5.

c) Acto seguido se anotará en la pizarra, junto a cada una de las quejas, la puntuación que cada alumno o alumna ha otorgado.

d) Finalmente, se suman las puntuaciones de cada queja. La queja que menos puntuación haya obtenido será la de mayor importancia. La de mayor puntuación, la de menor importancia.

e) Si la clase es muy numerosa, se puede dividir en equipos de cuatro para hacer más ágil la aplicación de esta técnica. Se seguiría el mismo procedimiento, pero sustituyendo el trabajo individual por el trabajo en equipo a la hora de puntuar las quejas.

8 Opina:

a) ¿Crees que se puede hacer algo para que las quejas se puedan resolver? Escribe las soluciones y explica cómo crees que se puede conseguir.

Para responder a esta pregunta, utilizad la técnica cooperativa «solución a cuatro» que encontrarás en la siguiente página.

Solución a cuatro

Contesta de manera individual en tu cuaderno

a) Haced una «lluvia de ideas» previa entre toda la clase, donde todas las posibles soluciones pueden ser válidas por muy raras que parezcan.

b) A continuación, de manera individual, elige una propuesta para la solución de cada problema y piensa en ventajas, inconvenientes y dudas que te surjan al analizar dicha propuesta.

c) Copia este cuadro en tu cuaderno y complétalo:

	Propuesta	Ventajas	Inconvenientes	Dudas
Falta de limpieza	....	....	....	....
Escaso alumbrado	....	....	....	....
Falta de vigilancia	....	....	....	....
Acceso a personas de escasa movilidad	....	....	....	....
Excesivo tráfico	....	....	....	....

4

En grupos de cuatro, haced una «mesa redonda»

a) En el sentido de las agujas del reloj, cada compañero y compañera argumentará su respuesta.

b) En el siguiente o siguientes turnos, respetando siempre el orden, cada grupo deberá consensuar una

REFLEXIONA SOBRE LO APRENDIDO

MUCHO OJO

Después de haber escuchado las quejas de los vecinos y haber respondido a las preguntas, debes llegar a alguna conclusión.

9 Completa en tu cuaderno las siguientes rúbricas:

Rúbrica para valorar las estrategias de aprendizaje en la ejecución de la tarea

	No me ha ayudado a organizar mentalmente la información recibida ni a proponer respuestas para resolver los problemas planteados. Me tendría que haber ayudado a...	Me ha ayudado poco a organizar mentalmente la información recibida y a proponer respuestas para resolver los problemas planteados. Me ha ayudado en algo a...	Me ha ayudado a organizar mentalmente la información recibida y a proponer respuestas para resolver los problemas planteados. Me ha ayudado a...
Línea del tiempo	....	....	....
Mapa de conceptos	....	....	....
Canal de transferencia	....	....	....
El espejo	....	....	....

Rúbrica para valorar las técnicas cooperativas en la ejecución de la tarea			
	No me ha ayudado a organizar mentalmente la información recibida ni a proponer respuestas para resolver los problemas planteados. Me tendría que haber ayudado a...	Me ha ayudado poco a organizar mentalmente la información recibida y a proponer respuestas para resolver los problemas planteados. Me ha ayudado en algo a...	Me ha ayudado a organizar mentalmente la información recibida y a proponer respuestas para resolver los problemas planteados. Me ha ayudado a...
Folio giratorio entre grupos	....	....	....
Grupo nominal	....	....	....
Solución a cuatro	....	....	....
Lluvia de ideas	....	....	....
Mesa redonda	....	....	....

APLICA LO APRENDIDO

10 Quizá tengáis nombrada a una delegada o un delegado de clase. Si no es así, puede que tengáis algunos compañeros o compañeras que os representan en el consejo escolar.

¿Qué vamos a hacer?

- Convocad una reunión para tratar unos puntos sobre la situación de la clase o del centro educativo, que pueden proponer la persona delegada o consejera, o también los miembros de la clase.
- Organizaos en pequeños grupos para hacer propuestas coherentes y fundamentadas en la reunión.
- Llevad a cabo la reunión, moderada por la persona delegada o consejera. Nombraréis un secretario o secretaria que tome nota de los acuerdos a los que se lleguen. Es importante cumplir las normas propias de las reuniones de este tipo: pedir turno de palabra, no abusar del turno, respetar opiniones, modular el volumen de voz o ayudar a la persona moderadora a que la reunión avance de acuerdo con los puntos establecidos.
- Una vez finalizada la reunión, el secretario o secretaria leerá los acuerdos alcanzados para trasladarlos a la persona delegada o consejera escolar.

TALLER 3

UNA EXPOSICIÓN

Escucha el texto «Cómo se saludan las personas en el mundo», de Fernando Fernández.

COMPRENDE LO QUE HAS ESCUCHADO

MUCHO OJO

Organiza mentalmente la locución para darle un orden que te permita comprenderla y contarla.

1 Elabora en tu cuaderno un «mapa de relaciones simples» como este, que te ayude a ordenar de manera general lo que has escuchado:

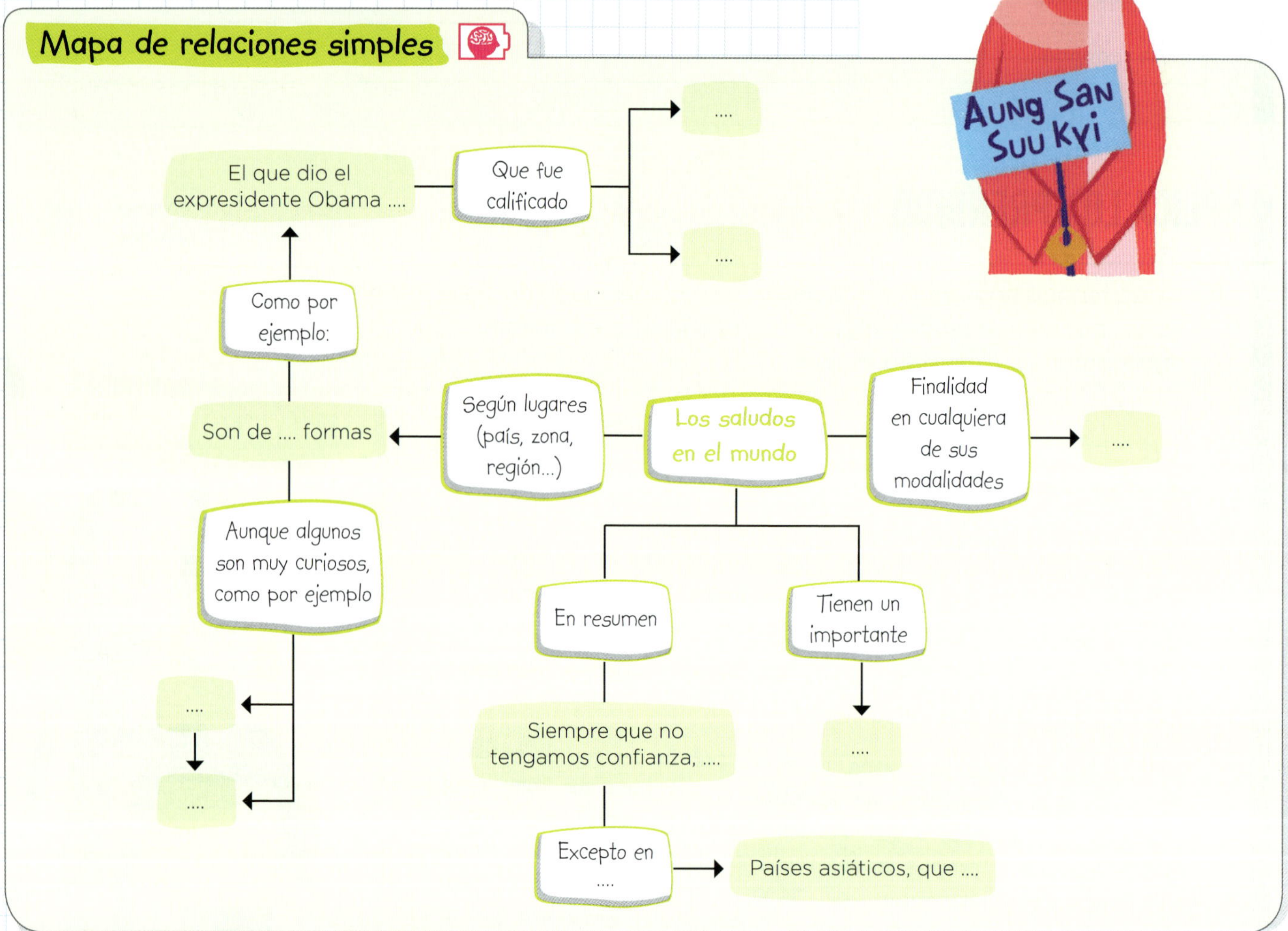

2 Responde oralmente a estas preguntas:

a) ¿Qué tipo de saludo le dio el expresidente Obama a la Nobel de la Paz Aung San Suu Kyi? ¿Cómo lo calificaron?

b) En resumen, para evitar una posible incorrección, ¿cómo debemos saludar?

c) Tras lo escuchado, ¿qué información te faltaría para completar el mapa de relaciones?

3 Completa en tu cuaderno estos «mapas de relaciones simples» que te ayudarán a averiguar algunas formas de saludarse en estos lugares del mundo. Para ello, utiliza la técnica cooperativa «folio giratorio entre grupos» que encontrarás en la página siguiente.

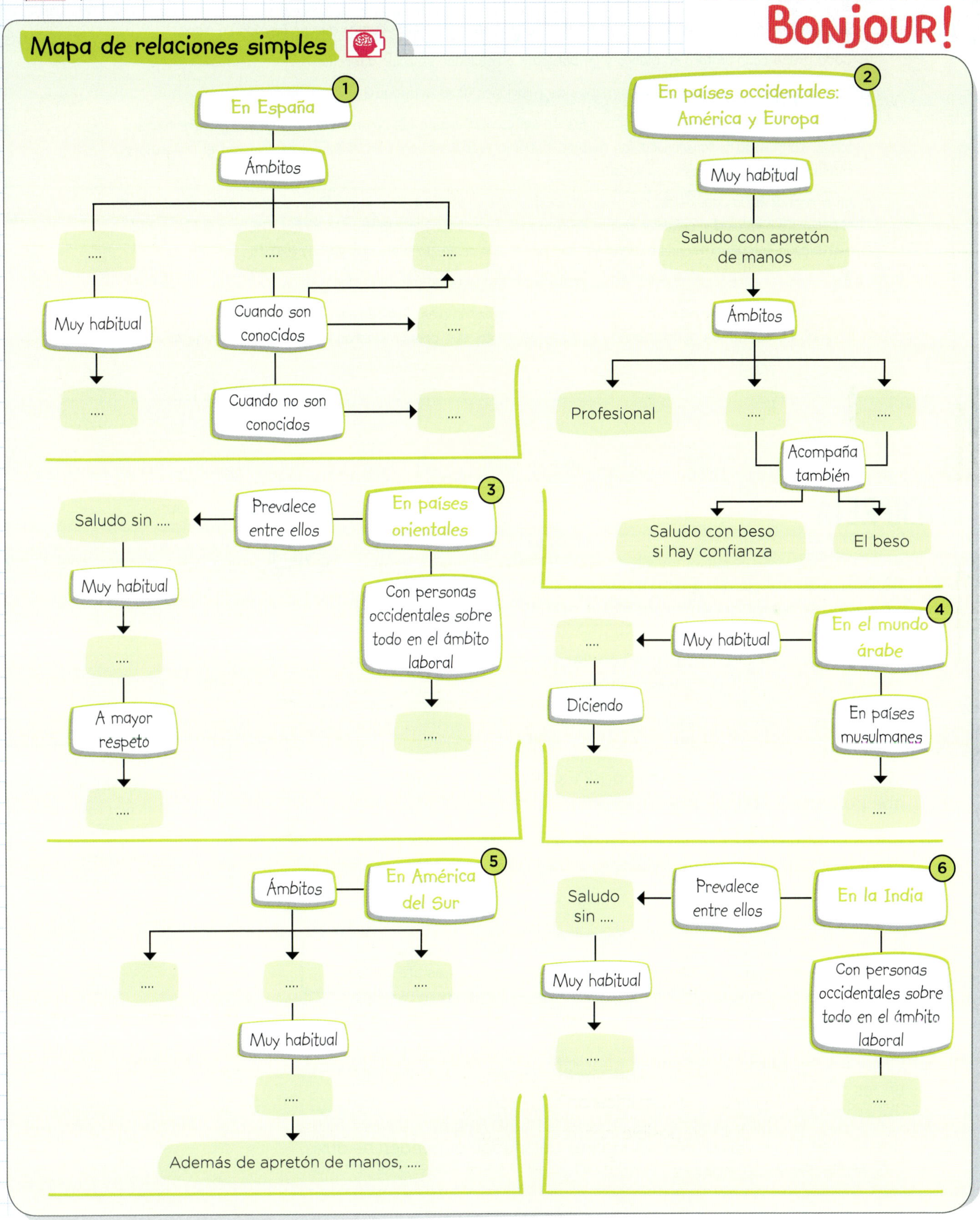

Folio giratorio entre grupos

En grupos de cuatro

a) Se distribuyen los mapas de relaciones entre los distintos grupos de cuatro que se forman en clase.

b) Cada grupo coge un folio en blanco y un bolígrafo o rotulador de color diferente.

c) De manera individual, completa los mapas de relaciones de la actividad 3.

d) Después, compara tus respuestas con las de los compañeros o las compañeras del grupo y, entre todos y todas, completad y consensuad los mapas. Escribid esta respuesta en el folio giratorio con el bolígrafo o rotulador de color que os haya tocado.

e) En el sentido de las agujas del reloj, pasad vuestro folio giratorio a otro grupo. El grupo que recibe el folio, con el bolígrafo o rotulador del color que le haya tocado, completará la información de los mapas que ha recibido escribiendo sus aportaciones e ideas sin que se repitan respecto a las que ya hay escritas.

Así sucesivamente hasta que los folios giratorios hayan pasado por todos los grupos.

f) Finalmente, cada grupo expondrá a través de su portavoz cómo es el saludo en el lugar que le ha correspondido, teniendo en cuenta las aportaciones recibidas del resto, que proporcionarán una perspectiva más amplia y completa respecto a lo escuchado.

INTERPRETA

MUCHO OJO

A partir de ahora vas a tener que interpretar las preguntas y responderlas teniendo en cuenta que no hay una única respuesta verdadera. Además, seguramente vas a necesitar tener unos conocimientos o vivencias anteriores para poder responderlas.

4 Contesta:

a) ¿Conoces otros ejemplos de saludos? Explica en qué consisten y entre qué personas se da ese tipo de saludo.

b) Copia la siguiente tabla y clasifica los diferentes saludos que hemos escuchado en la locución de acuerdo con los criterios de proximidad y afecto:

Por proximidad (de más próximo a menos)	Por afectividad (de menos a más afectuoso)
....	....

c) Organiza los países o las zonas geográficas por formas de saludarse afines o semejantes.

d) ¿Qué pruebas puedes presentar para demostrar que los tipos de saludos que se dan en los diferentes lugares del mundo dependen de otras influencias: religión, cultura, política...?

Para responder a las preguntas 4a), 4b), 4c) y 4d), haced la técnica cooperativa «lápices al centro» de la página siguiente.

Lápices al centro

En grupos de cuatro

a) Dejad vuestro lápiz en el centro de la mesa. Cada integrante propondrá una respuesta a la primera pregunta, y el resto del grupo, también por turnos, ofrecerá su opinión y se debatirá sobre ella.

b) Cuando lo tengáis claro, coged vuestro lápiz y escribid la respuesta con vuestras propias palabras sin hablar con los compañeros o las compañeras. Si, mientras se escribe la respuesta, de manera individual, a alguien del grupo le surge alguna duda, vuelve a dejar el lápiz en el centro para detener el ejercicio y plantear las preguntas al resto del equipo.

c) A continuación, responded al resto de preguntas siguiendo la misma dinámica.

REFLEXIONA

MUCHO OJO

Trata siempre de argumentar tu respuesta, explica los motivos que la justifican. Piensa que tras tu respuesta has de escribir «porque...».

5 Responde:

¿Qué podría suceder si se saludan las siguientes personas?

- una persona inglesa con un esquimal;
- un musulmán y una mujer española;
- una persona de Japón y otra de Rusia.

Para resolver esta actividad, utilizad la técnica cooperativa «sumamos».

Sumamos

En grupos de cuatro

a) Haced una lluvia de ideas previa donde todas las posibles soluciones pueden ser válidas por muy raras que parezcan.

b) De manera individual, continuad estos textos:

- «Creo que si una persona inglesa se saludara con un esquimal, sucedería ....».
- «Creo que si un musulmán se saludara con una mujer española, sucedería ....».
- «Creo que si una persona de Japón se saludara con otra de Rusia, sucedería ....».

c) Exponed a los compañeros o las compañeras del grupo vuestras respuestas y escuchad las suyas, anotando aquellos nuevos aspectos y aportaciones que sean diferentes a las vuestras.

d) Finalmente, la persona que hace de portavoz del grupo expondrá al resto de la clase vuestras respuestas y escucharéis las de los demás equipos, anotando aquellos nuevos aspectos y aportaciones que difieran de los que habéis contemplado.

6 Recapitula y replantea tu respuesta original aplicando esta técnica:

Intuyo y deduzco

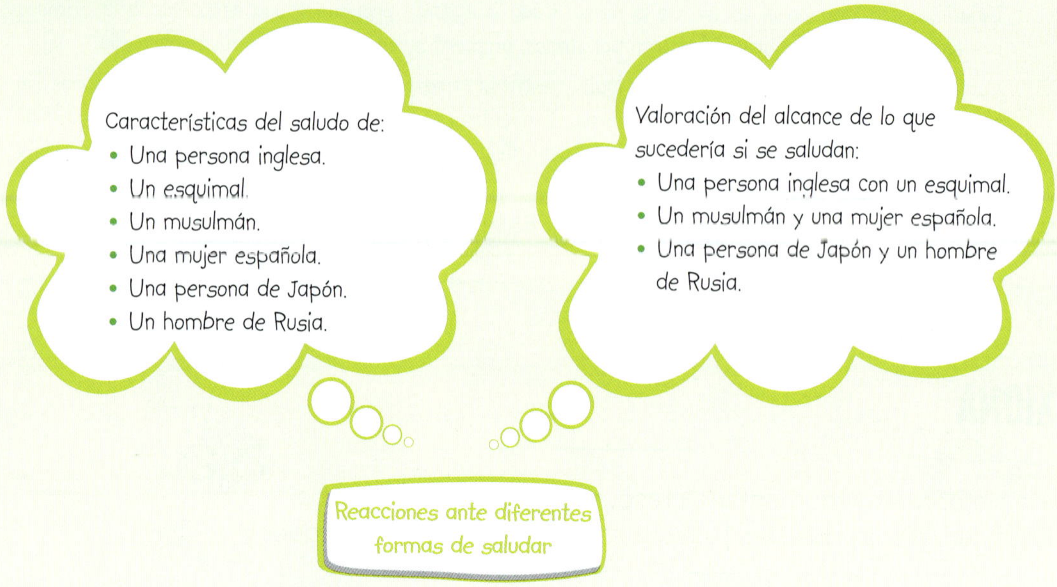

7 Compara tu forma de saludar:

- Con la que tengan los habitantes de otro lugar que no coincida con tu forma de pensar o actuar.
- Según la persona a la que te dirijas, diferenciando en cada caso si el saludo es familiar, social, laboral o, bien, de cualquier otro tipo de relación.

El espejo

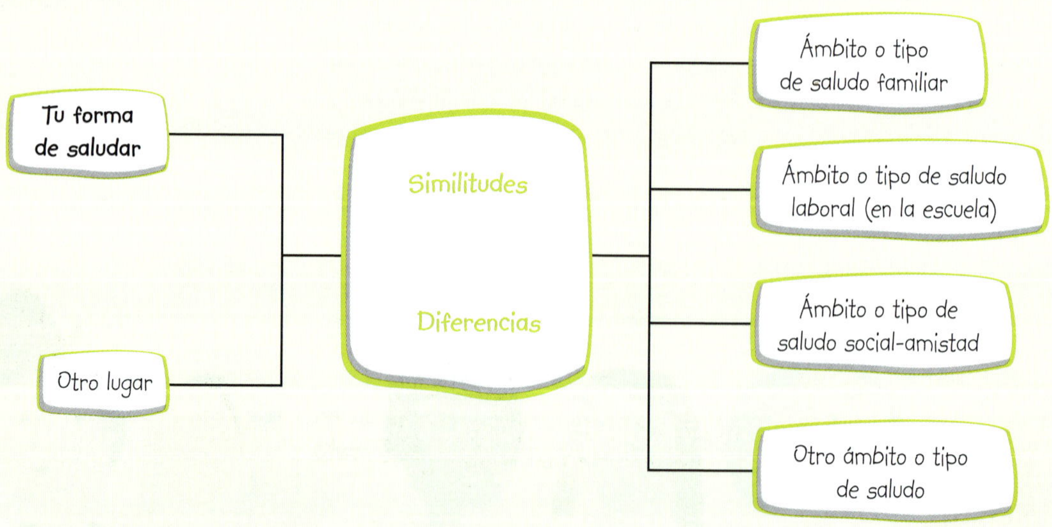

REFLEXIONA SOBRE LO APRENDIDO

MUCHO OJO

Después de haber escuchado la locución y haber respondido a las preguntas, debes llegar a alguna conclusión.

8 Completa en tu cuaderno este diagrama:

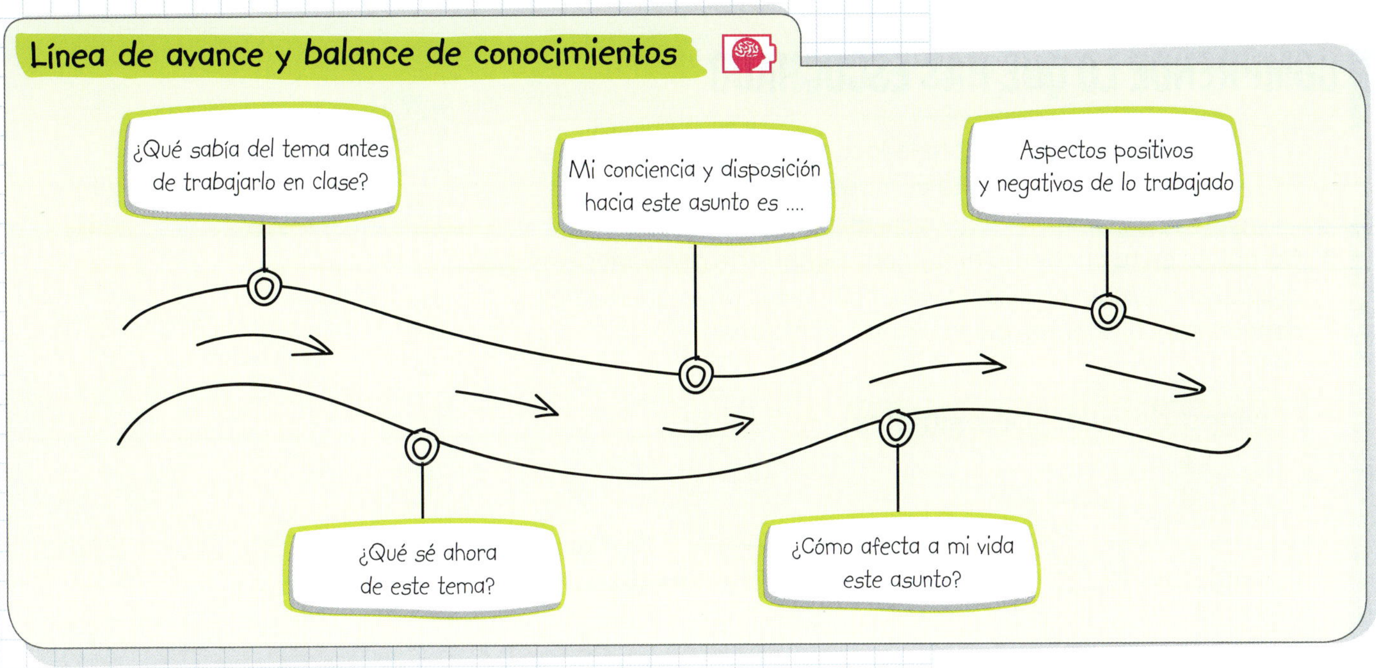

9 Completa estas tablas en tu cuaderno para explicar en qué te han ayudado estas técnicas que has utilizado para responder a las preguntas:

Estrategia de aprendizaje	Me ha ayudado a...
Mapa de relaciones simples	....
Intuyo y deduzco	....
El espejo	....
Línea de avance y balance de conocimiento	....

Técnica cooperativa	Me ha ayudado a...
Folio giratorio entre grupos	....
Lápices al centro	....
Sumamos	....

APLICA LO APRENDIDO

10 Esta locución se ha centrado en el saludo entre personas, siendo este una forma de comunicación no verbal. Realizad el siguiente juego:

> **El juego de «Los saludos»**
>
> Una pareja se pondrá de pie en algún lugar de la clase, acordarán en secreto qué países o zonas van a representar en su saludo, y el resto de la clase deberá averiguarlo.

TALLER 4

UN DEBATE RADIOFÓNICO

Escucha el texto «Locos por la cultura».

COMPRENDE LO QUE HAS ESCUCHADO

MUCHO OJO

Organiza mentalmente la locución para darle un orden que te permita comprenderla y contarla.

1 Completa en tu cuaderno el siguiente «mapa de relaciones simples» para organizar mentalmente la información inicial de lo que has escuchado y conectar las diferentes partes que lo conforman:

Mapa de relaciones simples

2 Responde oralmente a estas preguntas:

a) ¿Cómo se llama el programa que habéis escuchado?

b) ¿A cuántas personas han entrevistado?

c) ¿A qué se dedica profesionalmente cada una de las personas entrevistadas?

d) ¿Sobre qué temáticas gira la conversación entre la presentadora y las personas entrevistadas?

INTERPRETA

3 María Blanco responde que sin libros seríamos robots que actuaríamos de manera mecánica. ¿Qué habrá querido decir?

Para responder a esta pregunta, completa el diagrama «intuyo y deduzco».

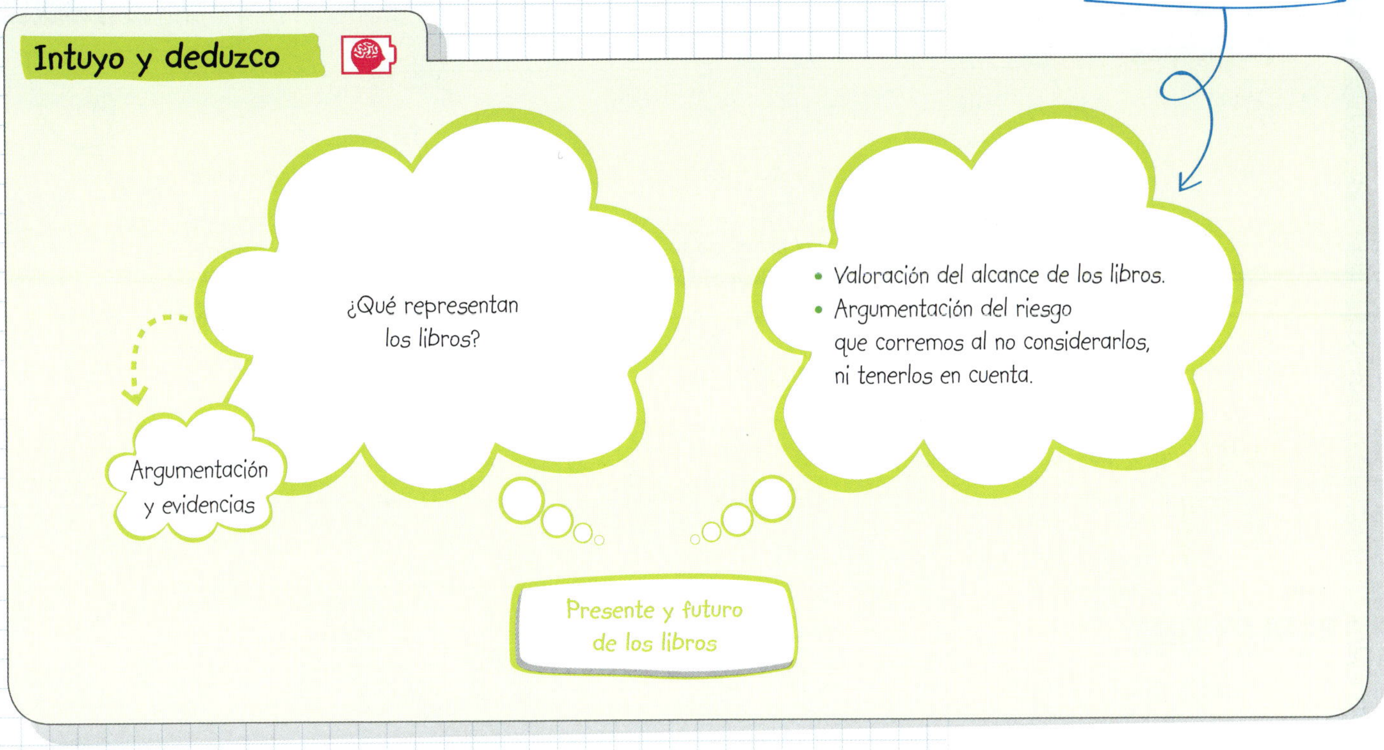

4 Contesta:

a) Explica exactamente la diferencia entre una tertulia literaria y una asociación gastronómica-lectora.

b) Según la señora Durán, ¿cuál es la diferencia entre el papel del alumnado de la UNED (Universidad Nacional de Educación a Distancia) y el de un instituto?

Para responder a ambas preguntas, puedes ayudarte del diagrama «el espejo».

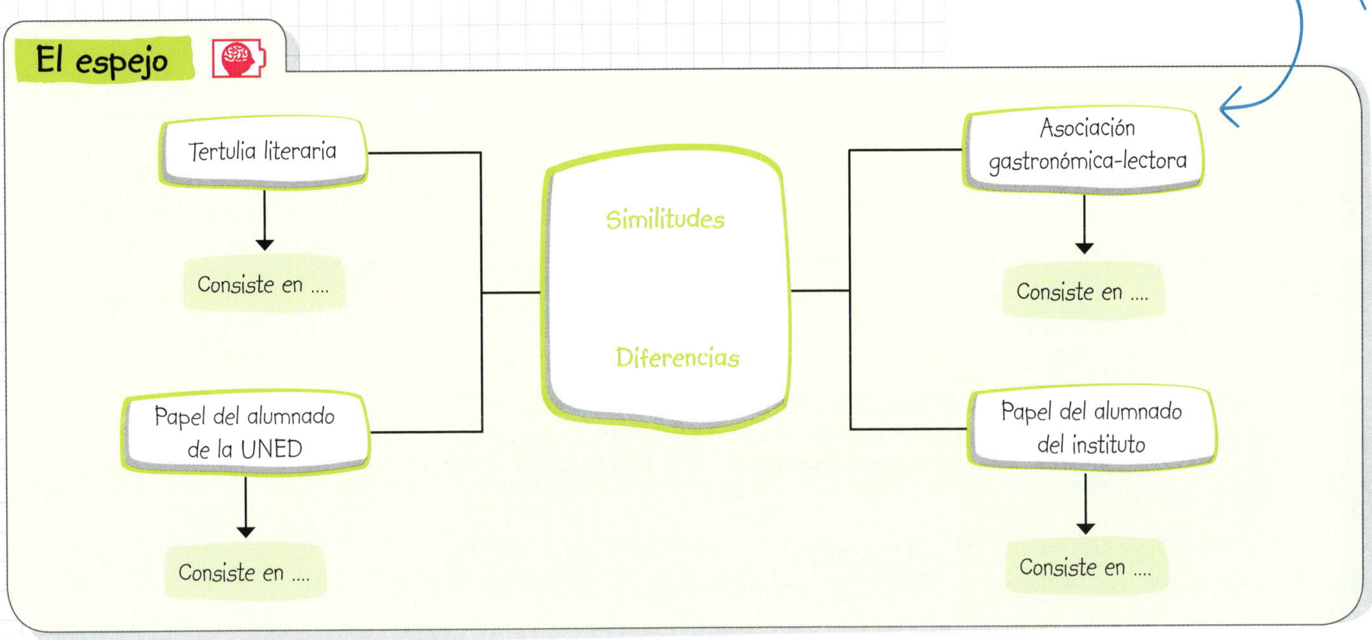

INTERPRETA

5 Responde:

El señor Stow ha tenido que ordenar la economía e Internet según condicionan la vida de la gente. ¿Recuerdas qué orden ha establecido?

Os podéis ayudar de la técnica «sumamos».

Sumamos

En grupos de cuatro

a) De manera individual, completa este texto: «Considero que la opinión del Sr. Stow sobre la política económica, la cultura e Internet es ...., porque ....».

b) Expón a tus compañeros y compañeras del grupo tu respuesta y escucha las suyas, anotando aquellos nuevos aspectos que difieran de los que tú has contemplado.

c) La persona que hace de portavoz del grupo expone al resto de la clase vuestras respuestas. A continuación, escuchad las contestaciones de los demás equipos y anotad debajo de las vuestras aquellos nuevos aspectos que difieran de los que tenéis contemplados.

Al final, entre los tres pasos, tendremos todas las aportaciones y posibles respuestas recogidas entre toda la clase.

REFLEXIONA

MUCHO OJO

Trata siempre de argumentar tu respuesta y explicar los motivos que la justifican. Piensa que tras tu respuesta has de escribir «porque...».

6 Responde:

¿Coincide el orden propuesto por el Sr. Stow con tu opinión? Ordena economía, cultura e Internet según tus prioridades y argumenta tu respuesta.

Para elaborar tu respuesta, completa el siguiente diagrama denominado «organizo y defiendo mi postura».

Organizo y defiendo mi postura

Afirmaciones
- Orden que defiende el Sr. Stow.

→

Argumentaciones
- Argumentación (motivos-causas) del Sr. Stow.

→

Evidencias
- Que demuestran lo que argumenta el Sr. Stow.

→

Valoración personal
- Valoración y criterio propio sobre la opinión del Sr. Stow.
- Argumentación y evidencias propias (algunos ejemplos de situaciones).

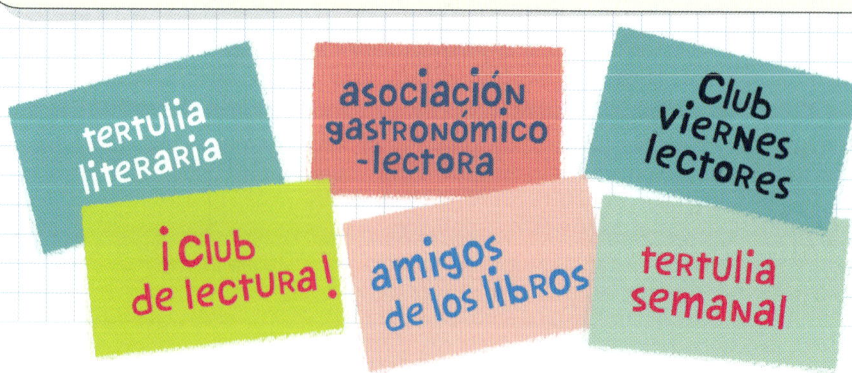

7 Opina:

¿Estás de acuerdo con la siguiente afirmación de la Sra. Durán?

«Está claro que si no hacemos este esfuerzo de acercamiento al mundo de los jóvenes (respecto al uso de las nuevas tecnologías) nunca conseguiremos contactar con ellos».

Ayúdate de la técnica «diagrama en cascada» para elaborar tu opinión.

Diagrama en cascada

El uso de las tecnologías

Entre el profesorado cada día está más claro que se debe enseñar cultura adaptándose a las tecnologías.

Argumentación de lo definido
¿Por qué?

Relaciones causas y efectos
¿Qué provoca esta situación y qué origina?

Similitud y diferencia en otros contextos
¿A qué se parece esta situación y en qué se diferencia?

Importancia en vuestro contexto
¿Cómo os afecta?

8 Opina:

El señor Stow también dice que «no se trata de cambiar el qué enseñar, sino el cómo enseñarlo». ¿Qué ideas o propuestas puedes presentar en tu centro para «cambiar el cómo enseñar»?

Para responder a esta pregunta, haced uso de la técnica cooperativa «1-2-4» que encontraréis en la página siguiente.

REFLEXIONA

1-2-4

Contesta de manera individual

a) Escribe en tu cuaderno: «Opino que lo que se podría hacer en mi centro para "cambiar el cómo enseñar" es ....».

En parejas

b) Compara tu respuesta con la de tu compañero o compañera y, entre los dos, dad una única respuesta: «Opinamos que lo que se podría hacer en nuestro centro para "cambiar el cómo enseñar" es ....».

En grupos de cuatro

c) Volved a comparar vuestras propuestas y, entre los cuatro, dad una única respuesta: «Nuestro grupo opina que lo que se podría hacer en nuestro centro para "cambiar el cómo enseñar" es ....».

d) Cada grupo deberá consensuar una respuesta que la expondrá al resto de la clase a través de su portavoz.

REFLEXIONA SOBRE LO APRENDIDO

MUCHO OJO

Después de haber escuchado el debate radiofónico y haber respondido a las preguntas, llega el momento de hacer alguna reflexión.

9 Completa el siguiente diagrama:

Balance de conocimiento

Aspectos positivos de lo trabajado y aprendido		Aspectos negativos de lo trabajado y aprendido
....	⟺	....
Motivo:		Motivo: ....

10 Completa esta tabla en tu cuaderno para explicar en qué te han ayudado estas estrategias que has utilizado para responder a las preguntas:

Estrategia de aprendizaje	Me ha ayudado a...
Mapa de relaciones simples	....
Intuyo y deduzco	....
El espejo	....
Organizo y defiendo mi postura	....
Diagrama en cascada	....
Balance de conocimiento	....

11 Completa esta tabla en tu cuaderno para explicar en qué consiste cada técnica cooperativa y en qué te ha ayudado:

Técnica cooperativa	Consiste en...	Me ha ayudado a...
Sumamos	....	....
1-2-4	....	....

APLICA LO APRENDIDO

12 ¿Cómo organizarías un club de lectura en tu clase, según lo que ha expuesto María Blanco?

Pasos que debes seguir:

1. Organizaos en pequeños grupos.
2. Buscad información sobre clubes de lectura y tertulias literarias.
3. Estableced una serie de normas que deban tenerse en cuenta para pertenecer al club de lectura.
4. Proponed libros para su lectura.
5. Planificad la distribución mensual, trimestral o anual.
6. Estableced las orientaciones que se deben seguir en las tertulias literarias.
7. Llevad a cabo una tertulia literaria.
8. Usad las nuevas tecnologías para compartir comentarios, opiniones dudas, etc., sobre dichas lecturas.

TALLER 5

UNA ENCUESTA

Escucha el texto «Encuesta en la calle».

COMPRENDE LO QUE HAS ESCUCHADO

MUCHO OJO

Organiza mentalmente la locución para darle un orden que te permita comprenderla y contarla.

1 Elabora en tu cuaderno un «esquema base» como el que se muestra a continuación para organizar mentalmente lo que has escuchado:

Esquema base

Encuesta 1:
Partes de la encuesta
I. Saludo y presentación inicial.
II. Preguntas:
- ....
- ....
- ....
- ....

Encuesta 2:
Partes de la encuesta
I. ....

Encuesta 3:
Partes de la encuesta
I. Saludo y presentación inicial.
II. Preguntas:
- ....
- ....
- ....
- ....

2 Responde oralmente:

a) ¿A cuántas personas intenta encuestar?
b) ¿De cuántas personas consigue obtener información?
c) Enumera alguna de las aficiones de la primera persona encuestada.
d) ¿Cuáles son las aficiones de la tercera persona encuestada?

INTERPRETA

MUCHO OJO

A partir de ahora vas a tener que interpretar las preguntas y responderlas teniendo en cuenta que no hay una única respuesta verdadera.

3 Deduce con argumentos cuántos años puede tener:

- La persona que realiza las encuestas.
- La primera persona encuestada.
- La última persona encuestada.

Para responder a esta pregunta, completa el diagrama «intuyo y deduzco» que encontrarás en la página siguiente.

Intuyo y deduzco

- ¿Qué tipo de aficiones tiene la primera persona encuestada?
- ¿Cómo se dirige el tercer encuestado al encuestador?
- ¿Qué dice esta persona acerca de su situación laboral y del tipo de aficiones que tiene?

Valoración y argumentos de la edad que tiene:

- La persona que realiza las encuestas.
- La primera persona encuestada.
- La última persona encuestada

Edad de los encuestados

4 Responde a las siguientes preguntas:

a) ¿En qué se diferencia el estilo de vida entre la primera encuestada y la persona jubilada?

b) ¿Conoces otros ejemplos similares a estos casos? Ejemplifícalos con las características que los definan.

5 Imagina:

Hay empresas que se dedican a preparar encuestas y a analizar las respuestas para obtener información interesante para otras empresas que se dedican a organizar actividades de ocio. Con las pocas respuestas que hemos escuchado, podríamos llegar a algunas conclusiones, señala en tu cuaderno cuáles podrían ser verdaderas, y cuáles, falsas:

- Las personas jubiladas disponen de más tiempo libre.
- Las personas que trabajan pueden dedicarse a sus aficiones, sobre todo, los fines de semana.
- Las personas que dicen «no disponer de tiempo» tienen mejor calidad de vida.
- Las personas mayores tienen aficiones habitualmente menos intensas desde el punto de vista físico.

6 ¿Se te ocurre alguna otra afirmación que puedas añadir a las anteriores?

7 ¿Qué argumentos puedes presentar para demostrar que las afirmaciones anteriores son verdaderas o falsas?

Para responder a las preguntas 5, 6 y 7, haremos la técnica cooperativa «lápices al centro» que se encuentra en la siguiente página.

Lápices al centro

En grupos de cuatro

4

a) Dejad vuestro lápiz en el centro de la mesa.

b) Por turnos, proponed vuestra respuesta a la pregunta 5 y debatid sobre ello.

c) Cuando todos y todas lo tengáis claro, coged vuestro lápiz y escribid la respuesta con vuestras propias palabras sin hablar con los compañeros o las compañeras. Si mientras se escribe la respuesta, de manera individual, a alguien del grupo le surge alguna duda, volverá a dejar su lápiz en el centro para detener el ejercicio y plantear las preguntas al resto del equipo.

d) Del mismo modo, trabajad las preguntas 6 y 7.

e) Finalmente, exponed las respuestas consensuadas al resto de la clase a través de la persona que hace de portavoz.

8 Imagina que eres una persona que tiene una empresa de actividades para el ocio y el tiempo libre. ¿Por qué es importante la información que puedes obtener de estas encuestas?

9 Opina:

¿Qué harán las empresas que se dedican a hacer encuestas con la información obtenida?

Continuad trabajando de forma cooperativa con la técnica «folio giratorio».

Folio giratorio

En grupos de cuatro

4

a) De manera individual, escoged un bolígrafo de color diferente y escribid en un folio las respuestas a las preguntas 8 y 9.

b) En el sentido de las agujas del reloj, pasad vuestro folio al compañero o compañera de al lado. Cuando recibáis el folio, con el bolígrafo del color que hayáis elegido, comparad vuestras respuestas con lo que viene escrito en el folio y escribid vuestras aportaciones, corroborando lo que ya hay escrito o aportando nuevas respuestas.

Así sucesivamente hasta que los folios giratorios hayan pasado por todos los miembros del grupo.

c) Por último, cada alumno o alumna leerá las aportaciones recibidas del resto de los compañeros o las compañeras del grupo y escribiréis una respuesta final consensuada: «Tras haber leído las aportaciones de todos los miembros, nuestro grupo considera que las respuestas a las preguntas son las siguientes ....». Dichas respuestas se expondrán al resto de la clase a través de su portavoz.

10 Responde:

a) ¿Cómo valoras que la segunda persona no pueda pararse para dar unas rápidas respuestas a unas preguntas?

b) ¿Qué recomendaciones le harías a las siguientes empresas de acuerdo con la información extraída de las encuestas?

- A un gimnasio (horario, tipo de actividades, posibles ofertas...).
- A una tienda que vende juegos de mesa (tipos de juegos, edad a la que se dirigen...).
- A una librería que vende también coleccionables de maquetas y recetas de cocina.

c) La persona jubilada ha utilizado la siguiente frase en una de sus respuestas: «Sí, mi tiempo libre es todo... bueno, todo el que me deja mi mujer». También dice «A mi mujer le gusta sentarse con las demás para hacer ganchillo y bordados... ¡Cómo mientras pueden hablar...!, aunque eso ya se está perdiendo». ¿Crees que estos comentarios son machistas? Argumenta tu respuesta. Para ello, copia y completa en tu cuaderno el siguiente «diagrama en cascada»:

Diagrama en cascada

Comentarios machistas

- ¿Creo que estos comentarios son machistas?
- **Argumentación** del porqué lo creo o no.
- **Relaciones causas y efectos** ¿Qué provocarían estos comentarios en la forma de ser del encuestado?
- **Similitud y diferencia en otros contextos** ¿En qué se parecen y en qué se diferencian los comentarios del encuestado respecto a otros contextos?
- **Relevancia en mi contexto** ¿Cómo me afectan estos comentarios?

Mis recomendaciones

- **Recomendaciones, tras la encuesta, que le haría a.**
  - Un gimnasio.
  - Una tienda de juegos de mesa.
  - Una librería.
- **Argumentación** del porqué recomiendo esas ideas a cada empresa.
- **Relaciones causas y efectos** ¿Qué provocarían estas recomendaciones a cada empresa?
- **Similitud y diferencia en otros contextos** ¿En qué se parece y en qué se diferencia lo que recomiendo en otros contextos?
- **Relevancia en mi contexto** ¿Cómo me afectan estos comentarios?

INTERPRETA

Mesa redonda

En grupos de cuatro

a) Cada compañero o compañera, en el sentido de las agujas del reloj, expone y compara sus respuestas con las del resto del grupo.

b) Finalmente, entre todas las personas que conforman el equipo se consensúa una única respuesta en relación con la pregunta 10c), que se expondrá al resto de la clase a través de su portavoz.

Una vez elaborado el diagrama en cascada, vais a hacer una «mesa redonda».

REFLEXIONA SOBRE LO APRENDIDO

MUCHO OJO

Después de haber escuchado esta locución y haber respondido a las preguntas, llega el momento de hacer una revisión del proceso que nos ha guiado hacia una adecuada ejecución.

11 Completa en tu cuaderno las siguientes rúbricas:

Rúbrica para valorar las estrategias de aprendizaje en la ejecución de la tarea

	No me ha ayudado a organizar mentalmente la información recibida ni a proponer respuestas para resolver los problemas planteados. Me tendría que haber ayudado a...	Me ha ayudado poco a organizar mentalmente la información recibida y a proponer respuestas para resolver los problemas planteados. Me ha ayudado en algo a...	Me ha ayudado a organizar mentalmente la información recibida y a proponer respuestas para resolver los problemas planteados. Me ha ayudado a...
Esquema base	....	....	....
Intuyo y deduzco	....	....	....
Diagrama en cascada	....	....	....

Rúbrica para valorar las técnicas cooperativas en la ejecución de la tarea

	No me ha ayudado a organizar mentalmente la información recibida ni a proponer respuestas para resolver los problemas planteados. Me tendría que haber ayudado a...	Me ha ayudado poco a organizar mentalmente la información recibida y a proponer respuestas para resolver los problemas planteados. Me ha ayudado en algo a...	Me ha ayudado a organizar mentalmente la información recibida y a proponer respuestas para resolver los problemas planteados. Me ha ayudado a...
Lápices al centro	....	....	....
Folio giratorio	....	....	....
Mesa redonda	....	....	....

APLICA LO APRENDIDO

12 Opina:

a) ¿Qué piensas acerca de los estereotipos y prejuicios?

b) ¿Qué información puedes extraer de un estereotipo o un prejuicio? ¿Crees que es fiable esa información?

Esto es lo que vamos a hacer:

Ana ha abierto un centro veterinario. Lejos de montar una empresa basada en percepciones, ha hecho un «estudio de mercado». Imaginad que vais a montar una empresa. Organizaos en pequeños grupos y decidid qué empresa queréis crear.

a) Una vez lo tengáis claro, al igual que Ana, tendréis que haceros algunas preguntas:
- ¿Sabemos qué es una percepción estereotipada? ¿Y un prejuicio?
- ¿Conocemos en qué consiste un estudio de mercado?
- ¿Extraeremos la información que necesitemos de nuestros futuros clientes a partir de percepciones estereotipadas o buscaremos información fiable?
- ¿Consideramos que es fiable la información extraída de unas encuestas?

b) Para ello, vais a indagar sobre el significado de «tamaño de la muestra».

c) Si concluís que una encuesta puede ser una de las vías para extraer información, haced lo siguiente:
- Una selección de posibles preguntas que haríais antes de iniciar vuestro proyecto de negocio.
- Justificad el sentido de la encuesta, es decir, ¿por qué será útil?
- Una puesta en común por grupos en la que comparéis los argumentos o criterios en los que os habéis basado para construir las preguntas.

d) ¿Creéis que Ana tendrá más posibilidades de éxito gracias a su estudio de mercado?

e) Pío Baroja dijo: «El contagio de los prejuicios hace creer muchas veces en la dificultad de las cosas que no tienen nada de difíciles». ¿Qué pensáis de esta cita tras haber realizado esta tarea?

ÍNDICE

Suma Piezas es un proyecto educativo de Anaya para Educación Secundaria.

En la realización de este material han intervenido:

CONTENIDOS: Jacobo Calvo, Rafael Mesa y Víctor Quevedo

COORDINACIÓN EDITORIAL: Carmen Carrasco

EQUIPO DE EDICIÓN: Nayeli Rodríguez, Carmen Arroyo, Isabel García, Tulia Guisado, Olivia Melara y Maite Vargas

MAQUETACIÓN: Raquel Horcajo

DISEÑO, GRÁFICOS Y CARTOGRAFÍA: Patricia G. Serrano, Marta Gómez Peso y Juan Carlos Quignon

CORRECCIÓN: Miguel Ángel Alonso

ILUSTRACIONES: Emma Schmid

EDICIÓN GRÁFICA: Mar Merino

FOTOGRAFÍA: iStock/Getty Images (Halfpoint), 123RF (Cathy Yeulet; serezniy; starsstudio), DEA/A.DAGLI ORTI/De Agostini/Getty Images

GRABACIÓN Y EDICIÓN DE AUDIO: Eva Artaechevarría, Guadalupe González Triano. Locuciones: Violeta Delfa, José Carlos Domínguez, Antonio Alfonso Hernández y Carmen Ramírez

Importante:
Las **actividades** propuestas en este libro deben ser realizadas en cuadernos u hojas sueltas; nunca en el propio libro.
Los **enlaces** a las páginas web que aparecen en este libro han sido revisados en la fecha de su impresión. La editorial no se hace responsable de las modificaciones o las anulaciones que se produzcan en ellos con posterioridad a dicha fecha.

ISBN: 978-84-698-7518-6 - Depósito Legal: M-3264-2020 - Printed in Spain.

ET037822/1E1I - 1034117